ROBERTO CONTINISIO

ACCESSO ALLE ORIGINI

Tecniche e Strategie Pratiche Per Ritrovare La Propria Madre Naturale In Maniera Etica e Legale

Titolo

"ACCESSO ALLE ORIGINI"

Autore

Roberto Continisio

Editore

Bruno Editore

Sito internet

http://www.brunoeditore.it

Sommario

Introduzione

Quando ho cominciato a concepire e quindi a scrivere questo libro, mi sono subito chiesto perché avessi in animo di farlo. Molto presto ho capito che la vera domanda a cui volevo e dovevo rispondere era "Per chi" volessi scrivere questo libro.

E la risposta è sgorgata semplice, come una sorgente cristallina: io scrivo questo libro, dedico questo libro, alle migliaia di adottati che hanno sete di verità, che hanno sete di giustizia, che vogliono in definitiva un condottiero al loro fianco disposto a lottare e anche a rischiare pur di ricostruire le loro origini, pur di chiudere quel cerchio che li porti a un'immagine originaria, a un'immagine in definitiva cui somigliare.

Mi sono ripassati negli occhi della mente tanti volti che in questi sette anni di specializzazione professionale si sono rivolti alla tutela legale del sottoscritto; persone che avevano e hanno un solo desiderio: quello, innanzitutto, di dare un nome alla propria mamma.

Si badi bene: quasi tutti gli adottivi sono affezionati ai propri genitori anagrafici e soprattutto nessuno di loro pensa primariamente all'idea di voler sostituire la famiglia di sangue alla famiglia adottiva.

Ma l'incontro con queste persone, con la loro smisurata "passione", mi ha aperto gli occhi su di un'umanità che non immaginavo esistesse.

E soprattutto mi ha fatto capire una banale verità: che per uno come me avere (o aver avuto) una madre è un fatto affettivamente coinvolgente ma, tutto sommato, "scontato". Per la mia platea di amici (prima che clienti) non c'è invece proprio nulla di scontato, anzi.

C'è un mistero da svelare ma soprattutto c'è un mondo intero di pregiudizi, di ostacoli legali e burocratici che impietosamente si contrappongono alla loro sete di verità. A tal punto che a volte mi sono sorpreso a pensare che nemmeno un terrorista dell'Isis desterebbe tanta paura, tanta diffidenza, tanta cattiveria mascherata (il che è peggio) da buonismo o per meglio dire pietismo.

Ecco: è stato esattamente quando mi sono reso conto che amavo combattere in trincea con queste persone che ho capito perché scrivere questo libro. Per raccontare la storia di una creazione, la storia di tante battaglie ma soprattutto per sensibilizzare quell'enorme platea di persone a cui, in definitiva, brutalmente parlando, non frega proprio nulla del destino degli adottati.

Che cosa troverà nel libro il lettore? In primo luogo la storia, direi abbastanza "tormentata", del mio progressivo mutamento professionale.

Nel capitolo secondo troveremo la "genesi": come si crea da zero qualcosa di nuovo (in questo caso la procedura atta a trasformare il parto in anonimato in una procedura di "ricongiungimento familiare") con la cronaca di quanto succede nella fase della creazione pura.

Successivamente, nel terzo capitolo, il lettore troverà una riedizione dell'impresa dei Mille (dopo aver scomodato il Vangelo con la Genesi, riesumiamo una pagina di storia risorgimentale) per raccontare la conquista pionieristica dei tribunali per i minorenni italiani in tutto lo Stivale.

Queste due fasi (creazione e diffusione) porranno le basi del capitolo quarto, laddove risulta evidente che le Sezioni unite " fanno normativa " in materia proprio perché ereditano "un magma incandescente " di conquiste: per rimanere sul pezzo risorgimentale potremmo dire che a una prima fase garibaldina segue la fase di "governo", di impronta cavouriana.

Da questo momento il lettore troverà un manuale tecnico, illustrato da numerosi "cases histories" e, soprattutto, gli verrà spiegato perché è utile affidarsi alle cure di Roberto Continisio, cioè dell'avvocato che ha creato questa materia a colpi di decisioni di Giudici coraggiosi. E che Vi sta parlando dalle pagine di questo libro.

Ma come mi è nata questa passione? Negli ultimi sette anni della mia vita professionale ho sviluppato una vera e propria predilezione per i cosiddetti "cold cases".

Si tratta di misteri sbiaditi, soffocati dalla ruggine del tempo e dei quali, in sostanza, nessuno si cura più, malgrado il dolore dei sopravvissuti, dolore oramai trasformatosi in un rassegnato sottofondo.

Misteri accentuati da alcune caratteristiche del contesto temporale in cui sono collocati; fatti accaduti in epoche dove non esisteva internet, dove non esistevano i telefoni cellulari e soprattutto dove non esisteva il bombardamento dei media, che accendono costantemente i riflettori su qualsiasi fattispecie criminosa.

Ho voglia perciò di ridare speranza a queste persone, togliere con pazienza la polvere che offusca la tela, sotto la quale polvere c'è la verità.

Tutto cominciò una sera dell'anno 2012, quando, evidentemente, già covava dentro di me il fuoco del "nuovo". Guardavo una nota trasmissione di Rai3 e mi colpì la storia delle "buranelle", due ragazze, per l'appunto, di Burano, dissoltesi nel nulla un pomeriggio del 27 ottobre 1991.

Ricordo che quella sera stessa mi proposi alla trasmissione, accettando la sfida di far riaprire il caso: ottenni, la mattina dopo, il mandato dalla sorella di una delle due scomparse e depositai, qualche giorno dopo, presso la Procura della Repubblica di Venezia, un'istanza di riapertura delle indagini preliminari, ivi indicando i precisi "vuoti" investigativi che avevano portato all'archiviazione del fascicolo. La richiesta fu accolta, con mia grande soddisfazione.

In quel periodo, contestualmente, mi affascinò (nulla capita mai per caso) anche un servizio televisivo di genere apparentemente diverso, che raccontava la storia di Agnese, una signora residente nella provincia di Firenze, adottata, nata da parto anonimo e che cercava la mamma naturale.

Fui portato a riflettere: in fondo, anche la ricerca di una donna che molti anni prima aveva partorito "senza volto" rappresentava, a tutti gli effetti, il prototipo del cold case.

C'era il mistero sepolto dal tempo e che bisognava svelare. C'era il disinteresse, anzi, in questa fattispecie, la vera e propria ostilità dei poteri burocratici, che si erano affannati a rinchiudere per sempre la verità nei faldoni polverosi degli archivi.

C'erano il dolore e la sete insoddisfatta di luce che sembrava affliggere oramai una sola persona. Quella persona era la figlia che cercava la donna che sessant'anni prima l'aveva partorita: la sua origine, la sua identità, un'immagine in cui potersi riconoscere.

Mi rimase scolpita nella mente soprattutto un'immagine: un documento che la signora mostrava alle telecamere e che la definiva "nata da donna che non consente di essere nominata".

Una formula inquietante, dal "sapore" medioevale, che marchiava la persona a vita e la condannava, addirittura per legge (la famigerata legge dei cento anni, appunto) a una punizione atroce: quella di dover attendere il proprio centesimo compleanno per acquisire il diritto a conoscere la verità.

Una sorta di "fine pena mai", una tortura degna della famigerata inquisizione spagnola. Sentii che bisognava porre la parola fine a questo orrore, indegno per un Paese evoluto, democratico e civile.

In quel momento fu una percezione, un fuoco che si accendeva sotto la cenere: ma mi rimase così scolpito nella mente, magari per il momento inconsapevolmente, da porre le premesse perché nascesse poi in me un professionista nuovo.

Un avvocato innanzitutto capace di risolvere problemi tecnico-giuridici ma anche un po' psicologo, capace cioè di dare sollievo e speranza ai propri clienti, alle sofferenze che potevano affliggere la loro mente.

Capitolo 1:
Come tutto è iniziato

Ricordo l'esatto momento in cui, con la baldanza dei miei 17 anni, tornai a casa sventolando sotto gli occhi di mia madre i moduli di iscrizione alla facoltà universitaria di Lettere Classiche: avevo la testa piena di poesia e letteratura.

Mia madre, che impersonava la "severa" di casa, mi stroncò gelida: "tu devi iscriverti a Giurisprudenza, tu farai l'avvocato, altrimenti ti diseredo".

Ecco, esattamente fu così che cominciai il mio percorso verso l'avvocatura: cedendo a un ricatto che mi parve sufficientemente convincente.

Il fatto è che non sono mai stato un "litigioso", nel senso distruttivo del termine: e, ai miei tempi, fare l'avvocato voleva dire unicamente "litigare" non tanto per affermare il diritto del proprio cliente a scapito dell'avversario, quanto perché esisteva un credo professionale (che in realtà resiste ancora oggi) in virtù del quale occorre stimolare opportunamente il proprio cliente a fare quante più cause possibili (in modo da far lievitare i tempi e gli atti giudiziari e le udienze e, in definitiva, le parcelle).

In sintesi, non curarsi della persona cliente, soprattutto non accorgersi che bisogna, sì, risolvergli problemi tecnico- giuridici ma anche infondere a quell'essere umano una speranza, una serenità, una filosofia di vita che lo faccia uscire dal mio studio rinfrancato.

Comunque sia conclusi col massimo dei voti (e con la lode) la mia carriera di studente in Giurisprudenza e vinsi il concorso per acquisire il titolo di avvocato (a quei tempi il primo step era, per la verità, il titolo di procuratore legale).

Mi sono formato, in 36 anni di carriera professionale, nei principali settori del diritto civile (proprietà, successioni, obbligazioni, famiglia) cercando così di rispettare la mia indole "genetica": costruire anziché distruggere, assistere anziché incattivire, entrare nella psicologia di chi mi sta davanti non solo per risolvergli il problema contingente ma per migliorargli la vita.

Quindi accordi, transazioni, contratti al fine di evitare ai miei assistiti il più possibile le aule di tribunale dove si perdono gli anni, dove si spendono i soldi e dove, soprattutto, ti abitui a convivere con un veleno esistenziale che ti intossica l'esistenza.

Oltre a "curare" le persone fisiche mi sono col tempo avvicinato al mondo dell'impresa e alla sua crescita, sviluppando la mia prima passione professionale: accompagnare le piccole e medie imprese verso la quotazione in Borsa.

Ricordo che nei primi anni ottanta ciascuna città aveva la sua Borsa Valori (prima che l'istituzione venisse centralizzata su Milano) e, guarda caso, la Borsa a Napoli era ubicata a pochi passi dalle aule della Federico II, la Facoltà universitaria di Giurisprudenza.

Così, ogni giorno passavo qualche minuto ad assistere alle "grida": le frenetiche contrattazioni verbali che gli agenti di cambio si urlavano in faccia in un film degno di Wall Street.

A quell'epoca in realtà conoscevo la Borsa esclusivamente nell'ottica del risparmiatore, dello speculatore in definitiva. Ma da avvocato che cura le aziende come fossero persone mi accorsi che la quotazione rappresentava un incredibile volano per le piccole e medie imprese per raccogliere capitali senza indebitarsi, mantenendo il controllo industriale e finanziario sull'azienda e acquisendo forza contrattuale, prestigio e visibilità.

E così è nata la mia prima specializzazione, che ancora oggi pratico con assiduità: accompagnare step by step, con l'amore dell'artigiano, le piccole e medie imprese di eccellenza in un percorso progressivo di sviluppo, che si ponga come traguardo la quotazione in Borsa al fine, come detto, di acquisire equity (e non debito) per finanziare il proprio piano industriale, che trasformerà il "piccolo anatroccolo" in un cigno maestoso.

Come si può notare, una specializzazione di tipo giuridico finanziario radicalmente diversa da quella che caratterizza la trama di questo libro.

Ma io sono sempre stato così. Dedicarmi, costantemente e ogni volta con grande amore e concentrazione, a conoscere e ad applicare cose nuove alle persone e alle organizzazioni (che sono pur sempre fatte di persone).

Tutto questo mi impedisce di annoiarmi e mi porta ad approfondire aspetti diversi della vita professionale, pur sempre nel solco del filo conduttore originario: fare l'avvocato per costruire, per sciogliere i nodi, per rendere felici le persone.

Così le mie strade mi hanno portato a cercare sempre sfide temerarie: ricordo per esempio quella volta che ebbi l'incarico da una famosa azienda (napoletana anche se con un nome britannico) produttrice di abbigliamento e che ha negozi in tutte le principali città d'Italia, di ricontrattare il canone di tutti i rapporti di locazione commerciale a essa facenti capo.

Non c'erano basi giuridiche perché i contratti erano in corso e dunque non esisteva nessuna procedura atta a conseguire lo scopo. Ricordo come fosse ora che mi colpì l'enorme carico di spesa corrente rappresentato dai canoni di locazione altissimi.

Ma non mi persi d'animo: come sempre faccio nella vita quando "abbraccio una mission impossible", mi presento e chiedo, facendo apparire la mia richiesta come la cosa più semplice e scontata di questo mondo.

Ricordo che dapprima decisi di scrivere a tutti i proprietari degli immobili, spiegando con chiarezza che, a causa della famigerata congiuntura economica, il mio cliente non ce la faceva più a sopportare il costo di canoni commerciali così elevati.

Mi premurai di ricordare a tutti però che l'imprenditore che rappresentavo era innanzitutto un'azienda seria e di prestigio e, quindi, un pagatore sicuro e che era meglio tenersi in casa propria un ospite così preciso e qualificato.

Ai messaggi scritti feci seguire il contatto telefonico e, in molti casi, il contatto fisico (che in una negoziazione è sempre il passaggio più importante).
Così viaggiai dalla vicina Sorrento fino a via Monte Napoleone, e quasi tutti, devo dire onestamente, mi accolsero a braccia aperte e premiarono la mia sincerità, la mia comunicazione diretta, con

una rinegoziazione di quasi tutti i contratti di locazione (da Portofino a Capri, da Milano a Sorrento) che portò in favore dell'azienda un risparmio di quasi un milione di euro sul bilancio annuo.

Arriviamo ai giorni nostri e al mio più recente amore professionale: L'ACCESSO ALLE ORIGINI. Ho poco fa accennato, se ricordate, a come mi era "scattato" l'interesse per la materia dell'accesso alle origini: nella fase primordiale, quella che ho definito "fuoco sotto la cenere", cominciai a studiare l'escamotage giuridico per aggirare "il segreto dei cento anni" ma la barriera sembrava implacabile.

Esisteva una legge e non esistevano appigli di diritto né precedenti giurisprudenziali per aggirarla. Finché giunse una mattina di fine novembre 2013.

Capita spesso così con i desideri: ci pensi intensamente ma la soluzione ti arriva proprio nel momento in cui non te lo aspetti.
Quella mattina – dicevo – di fine novembre 2013, mi colpisce la notizia di una sentenza della Corte costituzionale, apparsa "fresca

fresca" nella mia banca dati, con la quale la famigerata (e innanzi descritta) legge dei cento anni veniva dichiarata incostituzionale, nella parte in cui non prevedeva la possibilità di interpellare, ai giorni nostri e qualora fosse vivente, proprio la mamma che molti anni prima aveva scelto il parto in anonimato, al fine di chiederle se, adesso, mutate le sue condizioni sociali ed economiche, e soprattutto mutata l'età, ci avesse ripensato e volesse togliersi, al cospetto del figlio, quel velo di mistero implacabile.

La sentenza riservava al legislatore il compito di disciplinare le modalità di tale interpello. Dopo un primo momento di euforia fui gelato dai commenti di giuristi ben più autorevoli del sottoscritto: essi sostenevano l'inapplicabilità della sentenza fino a quando (e chissà quando) il legislatore non fosse intervenuto, appunto, a disciplinare queste benedette modalità di interpello.

Sembrava una maledizione. La mia rabbia e il mio senso di frustrazione, se possibile, si erano moltiplicati: nello stesso tempo sentivo che qualcosa di nuovo era scattato nelle mie aspettative, una sensazione embrionale ma positiva che, per qualche giorno, come un silenzioso seme, lasciai attecchire.

Apro una parentesi: chi si rivolge a me trova un professionista instancabile e implacabile, nel senso che finché non risolvo il problema, non stacco i denti "dalla presa".

Finché, in una gelida sera di dicembre, mi capitò di vedere al cinema *Philomena*: un film molto duro e amaro, che raccontava la disperata ricerca del proprio figlio da parte di una madre a cui, molti anni prima, era stato sottratto perché fosse dato in adozione.

Stavolta era la madre che cercava il figlio ma lo aveva trovato troppo tardi e con la cruda certezza di essere stata a sua volta invano cercata da lui, bloccato da mille inganni e ipocrisie.

Rimasi molto turbato. Percorsi il breve tratto che mi separava da casa avvolto da un turbinio di pensieri. Su tutti si stagliava una convinzione: era arrivato il momento in cui dovevo fare qualcosa per risolvere il problema di questo esercito di persone sofferenti.

Rientrato a casa, in un orario decisamente improbabile, in preda a un sentimento più simile a un vero e proprio raptus che a un calcolo cerebrale (il cliente sappia che in me trova innanzitutto passione allo stato puro), decisi di telefonare direttamente al Presidente della Corte costituzionale, che avevo (e ho tuttora) la fortuna e l'onore di annoverare innanzitutto come amico e, poi, anche come cliente per alcune problematiche assai importanti afferenti il suo condominio.

Gli dissi, fra le tante cose – ricordo – a bruciapelo: "Professore, io ho maturato la convinzione che in forza della recentissima sentenza della Corte costituzionale n. 278/2013, qualsivoglia adottato, che risulti nato da donna che non consente di essere nominata, sia legittimato ad agire immediatamente, senza che sia necessario attendere l'intervento del legislatore".

"Secondo me – aggiunsi – infatti, trattasi di una sentenza additiva (cioè che aggiunge qualcosa per colmare un vuoto appunto legislativo) e dunque, finché il Parlamento non legifera, la sentenza è essa stessa, a tutti gli effetti, la legge".

Il professore, allegro e disponibile come sempre, mi rassicurò sulla bontà della mia intuizione e questo mi permise di addormentarmi.

La mattina seguente ero già al computer (altra regola guida del mio essere professionista: non rinviare, non rinviare mai).

La prima cosa che mi venne in mente di fare fu quella di inviare una mail a tutti i tribunali dei minorenni d'Italia, esponendo la mia tesi e chiedendo cosa ne pensassero.

Ma in Italia, in verità purtroppo assai spesso, le istituzioni e le burocrazie non possiedono il primo requisito di una buona educazione: quello di fornire una risposta a una domanda. In sostanza, nessun tribunale si degnò di rispondermi.

Con un'eccezione: la presidente del Tribunale per i minorenni di Firenze, Laura Laera, una donna che si rivelò eccezionale per il Suo coraggio e la Sua lungimiranza, mi scrisse che stavano studiando la questione. Lo interpretai come un segnale.

L'esperienza infatti mi ha sempre insegnato che quando il tuo interlocutore ti dà una risposta, e ti risponde senza usare un'espressione da "no secco", nella maggioranza dei casi quella maniera di risponderti esprime, in realtà, un "mezzo sì".

Pieno di entusiasmo, telefonai alle due donne che, più di tutti, avevano negli anni lottato per affermare il diritto all'accesso alle proprie origini: Anna Arecchia ed Emilia Rosati, le quali avevano fondato un apposito comitato, il Comitato per la ricerca delle origini, Comitato che (un altro segno?), guarda un po' il caso, aveva sede a Napoli, la mia città.

Chiesi loro la cortesia di venirmi a trovare, appena possibile, al mio studio perché volevo urgentemente sottoporre alla loro attenzione un mio progetto.

Quando ebbi modo di incontrarle, occhi negli occhi, dopo un breve riepilogo delle ultime vicende che si erano susseguite, proprio in quei giorni, nella mia esperienza professionale nonché nel mio cervello, dissi a un certo punto, senza più indugi: "bisogna che mi troviate una cavia (ricordo che, volutamente, adoperai quel termine) su Firenze, disposta a sottoporsi all'esperimento, insomma un uomo o una donna pieni di coraggio".

"Io sento che proprio a Firenze possiamo aprire la nostra breccia".

Anna ed Emilia mi ascoltarono in silenzio e, nel giro di pochi secondi, erano già passate all'azione.

Si attaccarono al cellulare e mi passarono Agnese. In quel preciso istante nascevano due cose: 1) un'avventura tumultuosa e appassionante; 2) la mia nuova, la più recente, la più passionale specializzazione (e, appunto, passione) professionale. Quella dell'accesso alle origini.

RIEPILOGO DEL CAPITOLO 1:

- SEGRETO n. 1: fondamentale, nella professione come nella vita, è la capacità di "creare".

- SEGRETO n. 2: chiedete e vi sarà dato.

- SEGRETO n. 3: l'importanza di interpretare "i segni".

- SEGRETO n. 4: agisci sempre secondo le inclinazioni che ti suggerisce l'anima.

- SEGRETO n. 5: nulla capita per caso.

Capitolo 2:
La storia di Agnese

Sì, avete capito benissimo. Al telefono avevo proprio "quella" Agnese, la protagonista di quel reportage televisivo di cui ho parlato all'inizio di questo libro, proprio la persona la cui storia aveva focalizzato, in tempi non sospetti, il mio interesse sul tema dell'accesso alle origini.

Mi disse subito di sì, anche se, ho sempre sospettato, senza mai osare chiederglielo, che forse le passò per la mente che a parlarle fosse un pazzo.

E la verità forse consiste proprio in questo principio: solo chi è mosso da una follia visionaria può cambiare le cose.

Comunque sia, il dado era stato tratto. Mi affrettai la mattina seguente a scrivere il mio ricorso, inventandolo totalmente perché non esistevano precedenti cui fare riferimento, fac-simili da utilizzare.

Pensai, una volta conclusa l'opera (entro quella mattina perché quando ho una cosa da fare mi metto totalmente al servizio del mio assistito, aggredisco subito il lavoro, non lo rinvio mai e non lo mollo finché non l'ho finito), di sottoporla al controllo del Presidente della Corte costituzionale, in fondo il primo e, certamente il più autorevole, ad avermi dato semaforo verde.

Ne scaturì la più classica delle docce gelate: il professore, ricevuto il ricorso via mail, si affrettò a telefonarmi, dandomi sostanzialmente del folle e – insomma – il mio ricorso doveva attendere, prima di vivere di vita propria, l'intervento del legislatore.

Mi sembrava di sognare, anche se stavolta era un incubo. A nulla valsero le mie proteste, ricordandogli il suo totale e differente apprezzamento di poche sere prima. Rimasi col telefono in mano, tramortito.

Non so se a voi è già capitato: prepari meticolosamente un'impresa, fai fatica e, quando tutto è pronto, succede il patatrac. È come se la vita volesse metterti alla prova, misurare fino a che punto possono arrivare il tuo coraggio e, soprattutto, la tua determinazione a cambiare le cose, perché in definitiva l'atto di creare parte esattamente dal nulla e presuppone una forza notevole, che incontra sulla sua strada, specialmente nella fase iniziale, il grande attrito del cambiamento.

Fino al paradosso che gli imprevisti negativi, soprattutto dell'ultim'ora, sicuramente vanno letti, esattamente, alla rovescia. Avevo infatti ormai fra le mani il mio ricorso e allora, tutto a un tratto, mi dissi: "sia quel che sia, di certo non butto al vento il lavoro di questi giorni".

"E sicuramente non tradisco la fiducia di Agnese". "Questo progetto, follia o non follia, ha da partire". E infatti la mattina seguente partì con raccomandata urgente alla volta della Cancelleria del Tribunale per i minorenni di Firenze, sezione civile, volontaria giurisdizione: in particolare la cancelleria adozioni.

Per qualche mese tutto tacque. Il procedimento, le cui modalità ancora non esistevano, aveva un solo punto fermo stabilito dalla

Corte costituzionale: era interamente secretato.

In fin dei conti, il segreto sembrava un ineluttabile destino che accomunava l'esistenza di queste persone: come se appartenessero a una setta pericolosa, la cui vita doveva esistere unicamente dall'adozione in poi.

Tutto implacabilmente e apparentemente immobile: fino alla fatidica giornata in cui apro la posta certificata e leggo che Agnese e io eravamo convocati innanzi alla Presidente del Tribunale dei minori di Firenze.

Fu una seconda "secchiata" di acqua gelida in pieno volto: la Presidente non ci accolse bene, non sembrò in definitiva tanto ben predisposta. Ammetto che in un primo tempo rimasi spiazzato: ma poi ebbi una reazione, una reazione da leone ferito.

Ricordo, per esempio, che il presidente mise in dubbio, addirittura, l'obbligatorietà dell'interpello, pur se la mamma fosse stata identificata e trovata viva: insisteva nel dire che l'ultima parola spettava sempre al giudice sull'opportunità o meno di compiere l'interpello.

Rivedo le immagini di me stesso che, a quel punto, aperta rabbiosamente la ventiquattr'ore professionale, ne estraggo la copia della sentenza della Corte, la metto sul tavolo e sottolineo con fermezza il punto a mio sostegno, che avevo isolato ed evidenziato: una volta trovata la mamma, pur nel rispetto di tutte le cautele del caso, l'interpello era assolutamente obbligatorio.

Mi trovavo al cospetto di una donna geniale ma dura e di scarsi sorrisi: in pochi minuti, comunque, continuò a rovesciarci addosso una sequela così aspra e irta di ostacoli e scoraggiamenti che ce ne uscimmo da quella porta distrutti.

Ma nonostante tutto questo, come in un *déjà vu*, mi mulinava nella mente uno dei passaggi tipici delle grandi imprese, cui già prima ho fatto cenno; è come se tanti stress test ti accerchiassero, assumendo le sembianze più disparate ma ugualmente terrificanti, per verificare fino in fondo se possiedi gli attributi per cambiare la storia.

Perché chi si affida a me deve sapere che io studio, creo e soprattutto posso definirmi, diciamo così, un sensitivo, sempre attento a interpretare i segni e sempre pronto a seguire con impeto l'ispirazione che mi arriva.

Tre cose, comunque, ci salvarono: il tepore di un bar, proprio vicino al tribunale, che ci accolse in salvo come naufraghi; il marito di Agnese, un uomo dagli occhi e dal carattere dolcissimi, a cui sono rimasto legato con l'anima.

Infine, la sensazione, in fondo in fondo positiva, che ho descritto appena innanzi e che cresceva, sempre di più, dentro il mio cuore. Il concetto che si stava via via raffinando era in fondo il seguente: le persone che vogliono e che devono concederti qualcosa di importante, ti sottopongono prima a una classica prova da sforzo. In buona sostanza: se dimostri che hai gli attributi e non scoppi a piangere, hai superato l'esame e meriti il premio. Così fu.

La mattina del 7 maggio 2014 arrivò sulla mia PEC il premio che appunto avevamo meritato. Con una storica ordinanza (la prima in assoluto nella storia della giurisprudenza italiana del settore), il

Tribunale per i minorenni di Firenze, "ritenuto che la succitata sentenza" (quella famosa della Corte costituzionale del novembre 2013, di cui abbiamo innanzi ampiamente parlato) "produca conseguenze immediate nella sfera dei diritti dell'adottato dando facoltà al medesimo di verificare se ci sia ancora interesse del genitore naturale a mantenere l'anonimato sulla propria identità – per questi motivi – delega il giudice relatore a disporre, con le dovute cautele, le necessarie ricerche atte a verificare l'attuale volontà della madre biologica della ricorrente". Fu un'esplosione di gioia, un'emozione immensa.

Il Tribunale aveva in sostanza fatto propria la mia tesi circa l'additività della sentenza della Corte costituzionale. Per la prima volta nella storia d'Italia un tribunale toglieva dunque il segreto a un mistero antico, sepolto dal tempo: dopo sessant'anni, il velo che copriva il volto della mamma della mia assistita era destinato a cadere.

Per la prima volta nella storia un professionista aveva creato una materia: ed è per questo motivo che oggi mi considero l'unico avvocato che conosce questo settore del diritto in tutte le sue sfaccettature, tecniche e psicologiche.

E' per questo preciso motivo che, colui che si affida a me, sa che io lo seguirò passo passo, spiegando spesso i vari "passaggi" di un corretto percorso agli stessi magistrati e agli investigatori, che non di rado mi chiedono "illuminazioni".

Torniamo però alla cronaca del contingente. Come spesso capita nella nostra vita, a un momento di euforia segue una fase di ansia che, come sempre, a lungo andare si trasforma in depressione.

L'insegnamento di estrazione buddhista dovrebbe sempre soccorrere noi professionisti e in generale tutti gli esseri pensanti: mai vivere di aspettative.

Mi riferisco alla circostanza che, dopo la bomba nucleare del decreto, i mesi passavano mentre il Tribunale per i minorenni di Firenze, ligio alla consegna dell'assoluta riservatezza che, per l'appunto, doveva caratterizzare la procedura, non lasciava trapelare la più piccola delle anticipazioni.

La prima fase post decreto di accoglimento del mio ricorso doveva necessariamente essere caratterizzata dalle investigazioni che il tribunale delegò ai carabinieri di Prato, rivolte ad accertare: 1) chi fosse la mamma naturale di Agnese; 2) se fosse attualmente vivente; 3) in tal caso, dove vivesse e con chi.

Qualora le caselle fossero tutte andate al loro posto, il Tribunale doveva interpellare la mamma naturale per sapere da lei se, a distanza di tanti anni da quel parto anonimo, avesse in sostanza cambiato idea, volesse quindi revocare l'anonimato e conoscere quella figlia che aveva lasciato in fasce e che oggi ritrovava, donna.

Agnese intanto cominciava a manifestare segni di irrequietezza e, più di una volta, "esplose" minacciando di rinunciare a tutto: questa è la fase della procedura sempre più delicata, quella in cui divento ancora più intensamente il sostegno psicologico del mio cliente, prima di tutto mettendomi a sua totale disposizione, h24, festivi compresi.

Il cliente deve infatti innanzitutto sentirsi tranquillo perché può telefonarmi sempre. E poi andando più in là della fredda (ma indispensabile) assistenza tecnica legale: questa in particolare è la fase in cui devo essere sempre pronto e disponibile ad ascoltare il mio assistito.

Dunque la lasciavo sfogare (perché ognuno di noi passa dei momenti in cui se è compresso e non sfoga, scoppia), pregandola soprattutto di non prendere iniziative di testa sua, di consultarsi sempre e preventivamente con il sottoscritto.

Eravamo ormai giunti a dicembre 2014, erano trascorsi sette mesi dal decreto di accoglimento e – vi assicuro – sono stati i sette mesi più lunghi della mia vita.

Come se non bastasse, a questo "quadretto" ansiogeno si aggiungeva quell'atmosfera festaiola prenatalizia che a me ha sempre trasmesso una triste e precisa sensazione: negli uffici pubblici, nessuno, per più di un mese, ha più voglia di lavorare.

La litania comincia ai primi di dicembre: per ottenere qualsiasi cosa "se ne parla dopo Natale". Che poi, se va bene, vuole significare dopo il 15 gennaio. Come se il Natale diventasse un ostacolo della Natura, "LE COLONNE D'ERCOLE" da doppiare controvento e contro tutti. Per fortuna, invece, questa storia funzionava esattamente al contrario.

Il 14 dicembre apparve, improvviso e inaspettato come un meteorite, sul mio computer, il decreto che ci convocava per la data del 20 dicembre innanzi la Presidente del Tribunale per i minorenni di Firenze.

Noi, nel frattempo, arrivati chissà come a quel punto, eravamo una perfetta miscela fra rassegnazione negativa a cui simmetricamente si contrapponeva, come una luce in fondo al tunnel, un'ansia speranzosa che contraddiceva la mia recente conversione ai mantra buddhisti.

Avevo esercitato e praticato la virtù della pazienza: ma anch'io, per una volta, avevo raggiunto il mio limite. Ricordate il mantra? No aspettative. Sì… Come no!

20 DICEMBRE 2014 ore 10,00, Firenze, Tribunale per i

minorenni: quella mattina la Presidente ci faceva aspettare. Agnese, più di là che di qua, si era accasciata da qualche parte, letteralmente ricoperta dalle premure sia di Jean-Baptiste, la meravigliosa persona che l'ha sposata, sia da una sua amica, il cui nome adesso non ricordo.

Io invece facevo la "staffetta" fra Agnese e la stanza del Presidente, implacabilmente chiusa. Tuttavia, nel corso di questi nevrotici andirivieni, avevo notato un uomo in divisa, un Carabiniere che, come me, aveva tutta l'aria di essere in attesa.

Come spesso capita nella vita, specialmente quando sei in ansia, non metti subito a fuoco le circostanze che ti circondano, anche se sono a un palmo dal tuo naso: ma la decima volta che lo incrociai mi venne un lampo.

UN ANGELO IN DIVISA. Mi avvicinai al Carabiniere che, dall'espressione del viso, mi ispirò due sensazioni assai definite. Innanzitutto simpatia, ecco sembrava proprio un uomo dolce e buono, di quella bontà che puoi leggere negli occhi.

In secondo luogo, di frequente, incrociava i suoi occhi con i miei, come se tacitamente mi invitasse a rivolgergli la parola. Mi risolsi ad avvicinarlo e mi decisi a chiedergli, senza preamboli: "Mi scusi, lei è qui per i miei stessi motivi?".

"È stato cioè convocato dalla Presidente per il caso della mia assistita (di cui riferii nome e cognome) che sta cercando la mamma naturale"?

Lui non ebbe esitazioni nel confermarmi la circostanza e, come prevedevo, fu sintetico ma molto cortese: mi lasciò in ogni modo, ripensandoci qualche secondo dopo, un retrogusto dolce, essenzialmente perché era un uomo che si approcciava sorridendo.

Tornai nella saletta di attesa e vi trovai una Agnese "in coma", letteralmente in balia dell'ansia.

Fedele al mio ruolo di avvocato - psicologo, realizzai fulmineamente che ci sono dei momenti della vita in cui capisci che devi urgentemente agire, anche se dovesse sembrarti una forzatura: e questo, mi fu chiaro, era uno di quei momenti.

Compresi che dovevo spingere più in là l'asticella e ritornai dall'uomo buono. Cominciai col farfugliare una serie di domande fondamentalmente insulse (del tipo: "è lei che ha seguito le investigazioni del caso?" e poi "comprendo perfettamente che non mi può fornire anticipazioni "ed altre amenità del genere").

Poi, all'improvviso, arrivai finalmente al punto. Chiesi: "mi dica solo se le notizie che ci aspettano sono buone o cattive". Lui mi guardò per un istante (che mi sembrò senza fine) e, naturalmente sorridendo, mi sussurrò: "sono buone, ma quanta fatica".

Il mondo mi sembrò crollarmi addosso, naturalmente per la felicità: ci misi forse un attimo di troppo ma realizzai che ce l'avevamo fatta.

Ecco un'altra mia caratteristica professionale: io divento il mio assistito, vivo le sue emozioni senza mai, però, dimenticare che il mio dovere è restare lucido.

Lo ringraziai, forse addirittura lo abbracciai – ho ricordi confusi di quei momenti – e corsi da Agnese con tutta l'ansia e la gioia di rianimarla.

Quanta fatica, un mistero nel mistero. Vi dico subito che non ho mai conosciuto bene i dettagli di quella fatica. Li ho intuiti, anche alla luce delle sconvolgenti verità che, di lì a qualche minuto, avremmo appreso dalla sua bocca.

Ma il mio amico carabiniere (ebbene sì, a seguito di questa vicenda è poi sorto un profondo rapporto fra di noi), lui, fedele al segreto investigativo, non mi ha mai voluto spiegare nel dettaglio come avesse sbrogliato la matassa (né, devo dire, mi sembrò opportuno spingere ancora).

Si limitò a dirmi che, di fronte al più classico muro di gomma, aveva deciso a un certo punto dell'investigazione (molto coraggiosamente) di recarsi personalmente sui luoghi oggetto d'indagine.

Ma ritorniamo a quella mattina, in quell'arena infuocata dove, di lì a poco, si sarebbe consumata una vicenda giuridica e umana destinata a rimanere nella storia. D'un tratto quella porta si aprì e la signora cancelliera (altra grande persona), ci invitò a entrare tutti insieme, Agnese, il carabiniere e io.

Prendemmo posto al cospetto della presidente, la quale subito mi apparve distesa e sorridente, direi quasi emozionata, insomma una persona nuova: dopo una pausa che a me sembrò infinita, la presidente prese la parola e senza tanti preamboli parlò.

Una sconvolgente verità, uno splendido lieto fine. "Signora" – si rivolse direttamente ad Agnese – "noi la sua mamma l'abbiamo trovata ed è viva ed è pronta a revocare l'anonimato". Così, diretta, un fulmine; Agnese scoppiò in un pianto irrefrenabile.

Era calata su quella stanza un'atmosfera surreale, quasi solenne: non a caso qui si stava scrivendo innanzitutto una pagina memorabile di umanità. E anche (direi soprattutto) un pezzo di storia della giurisprudenza italiana.

"Non è stato semplice" – continuò la presidente, quasi riprendesse esattamente dal punto in cui il luogotenente dei carabinieri, Giuseppe, mi aveva accennato alla fatica.

"Anche perché devo riferirvi un retroscena molto crudo" – continuò la presidente – "sua mamma ha sempre saputo che, subito dopo il parto, Agnese (l'aveva chiamata così proprio la mamma) fosse morta".

"Così le fu riferito dai suoi parenti, per cui la povera donna, arzilla ma pur sempre anziana, da noi e in un colpo solo, è venuta a conoscenza di due verità, a dir poco, dirompenti: la prima è che sua figlia è viva e vegeta, la seconda è che la rediviva la sta cercando".

In questo turbinio di emozioni mi tornarono alla mente alcune usanze (se è possibile definirle così) a quei tempi in voga, specie nel mondo contadino, che qualche tempo prima mi erano state riferite, non ricordavo più da chi e in quale circostanza: racconti a cui avevo dato scarso peso.

Innanzitutto – mi chiedevo – possibile che una madre non

pretenda di vedere il corpicino del proprio figlio morto? E poi, andando purtroppo sulle cose pratiche, un neonato non è un feto, è un essere umano completo e per giunta nato dopo aver respirato.

Doveva meritare un rito funebre e, soprattutto, una tomba. Ma la realtà mi dice che queste povere donne erano talmente travolte (e stravolte) dallo scandalo che qualsiasi giudizio di condanna nei loro confronti va evitato.

Al contrario. Io raccomando sempre alle persone che si rivolgono a me di dire grazie, di persona o con un vero e proprio pellegrinaggio sulla tomba, alla propria mamma di pancia per aver donato loro comunque la vita sopportando disagi e dolori immensi, fisici e psichici.

Mi ritornò in mente anche un aspetto tecnico-giuridico che avevo sollevato in un colloquio informale, al cospetto di un magistrato. Ebbene, avevo espressamente chiesto dove fosse mai rinvenibile il formale documento, sottoscritto dalla mamma, con il quale la partoriente doveva necessariamente dichiarare e sottoscrivere la fatidica formula "non consento di essere nominata".

Finalmente avevo la prova giuridica che quella formula era nulla o, per meglio dire, inesistente: mi dite voi, infatti, perché mai la madre di Agnese avrebbe dovuto sottoscrivere l'anonimato se credeva che la figlia fosse morta?

Così era evidente, e io lo avevo sempre sospettato, che l'anonimato non esisteva (e non esiste) sotto il profilo documentale e perciò giuridico.

E qualsiasi tribunale, se l'ospedale non è in grado di fornire un preciso documento al riguardo, dovrebbe svelare i dati sensibili della mamma, a prescindere da volontà contrarie.

Comunque – torniamo all'adesso – alle mie incredule orecchie, a quei racconti cui prima accennavo e che avevo quasi colpevolmente deriso per la loro macabra assurdità, dicevo, quei racconti apparentemente leggendari, si rivelarono drammaticamente veri.

In sostanza, per far meglio "digerire" alla partoriente l'irreversibile distacco dalla propria creatura, i parenti, con l'inevitabile complicità di medici, infermieri e, soprattutto, dell'ostetrica, simulavano il decesso del neonato, per poi smistarlo verso un'adozione dai presupposti giuridici decisamente illeciti.

Tale allucinante circostanza gettava adesso chiara luce su quella "fatica" cui ha sempre accennato il luogotenente buono: a dir poco, tutta la documentazione doveva essere stata manipolata.

Ma la presidente, devo dire ancora una volta dimostrando grande senso pratico e abilità anche psicologica, non ci dette tempo per pensare oltre e, come se fosse la cosa più normale di questo mondo, proseguì: "fra 3 giorni io, la cancelliera e il giudice delegato andiamo a… (citò una nota cittadina della Lombardia) a raccogliere formalmente la revoca dell'anonimato, che sua mamma, piena di un incontenibile entusiasmo, ha già revocato verbalmente".

"Avvocato" – rivolgendosi come una scudisciata al sottoscritto – "signora" – rivolgendosi ad Agnese – "siete disponibili ad accompagnarci così che la mamma e la figlia possano, dopo sessant'anni e dopo un'imprevedibile resurrezione, abbracciarsi?".

Agnese era in stato di stupefatta paralisi mentre io, emozionatissimo e felice, riuscii a malapena a concepire due rapidi calcoli. Realizzai che il 23 dicembre (cioè il giorno dell'anno in cui tutta l'Italia è praticamente in viaggio) io avrei allegramente percorso, avanti e indietro, circa 1.600 chilometri.

Ma noi avevamo un appuntamento con la storia! Noi avevamo realizzato l'impossibile. Noi avevamo sconfitto addirittura la morte. Niente poteva più fermarci.

Senza esitare ulteriormente, tutto d'un fiato, risposi per entrambi alla presidente: "Sì, veniamo tutti, tutta la vita sì!

DI NUOVO IN QUEL BAR. Tornammo al solito tavolino, stavolta per brindare. Come ci sembrava lontana quella triste mattina in cui Agnese, seduta al medesimo posto, era un misto di rabbia e avvilimento.

Ora ce l'avevamo fatta e avevamo tre giorni per abituarci all'idea. Quando raggiungi un traguardo "impossibile", il vero rischio è non godersi l'attimo: bisogna invece fermare il tempo per godere, per sentirsi felici, per rendere grazie festeggiando, ubriacandosi di alcool a digiuno e di euforia, lasciandola finalmente sprizzare da tutti i pori: bisogna fermare la felicità.

Domani poi sarebbe sorto un altro giorno, avremmo fatto il progetto del viaggio e tutte quelle cose pratiche della vita. Ma adesso no: siamo soli, io, Agnese, il meraviglioso Baptiste, che ci prendiamo tutta la gioia del presente, senza ragionamenti, senza più pensieri.

SI SBARCA IN SETTENTRIONE. Arrivò anche il 23 dicembre: ci ritrovammo tutti su di un treno dell'alta velocità, che percorreva una direttrice molto originale, che onestamente nemmeno conoscevo.

Io partii ovviamente da Napoli e percorsi la costa del Tirreno: vidi passare davanti ai miei occhi le stazioni di Civitavecchia, Grosseto, Firenze Campo di Marte dove salì a bordo il resto dell'allegra comitiva.

Il treno si rituffò quindi sulla costa, fino a La Spezia, e, infine, tagliò in diagonale verso il Centro-nord. Era un viaggio silenzioso, di meditazione: arrivammo verso ora di pranzo e andammo a mangiare qualcosa in una pizzeria.

La mente era talmente "altrove" che io, "napoletano doc", ordinai una pizza "made in Lombardia". Mangiammo velocemente e la presidente finalmente ci svelò il programma: l'appuntamento era alle 14 presso un vicino studio legale (le due nipoti della mamma di Agnese erano avvocati), dove sarebbe avvenuto l'incontro.

Nessuno – raccomandò severamente la presidente – doveva conoscere e diffondere quanto stava avvenendo in quella giornata nella bassa Padana: aggiunse, rivolgendosi a me e ad Agnese, "dovrete sottoscrivere un impegno a non rendere pubblici i particolari geografici né, tantomeno, i dati sensibili delle persone coinvolte oggi in questa operazione di ricongiungimento".

Aveva appena finito di parlare quando sentii trillare il mio cellulare: era un giornalista di uno dei più prestigiosi quotidiani nazionali che mi cominciò a investire con una raffica di domande.

Io rimasi interdetto: e non ho mai saputo come caspita, in poche ore, la notizia fosse trapelata. Il telefono mi scottava fra le mani: eravamo ormai giunti al citofono del palazzo e, prima che la presidente premesse quel pulsante, le passai la telefonata.

La presidente, rapidamente ritornata in opzione "donna burbera", tuonò al giornalista di astenersi da ogni ulteriore attività altrimenti lo avrebbe denunciato penalmente: stava in realtà bleffando, ma lo faceva molto bene.

Mi ripassò il telefono che mi affrettai a convertire subito in modalità "silenzioso". L'ultimo particolare che mi rimase impresso negli occhi, prima di varcare quel portone, fu la vista di un'autoambulanza che sostava di fronte.

Quasi intuendo il mio pensiero, la presidente si affrettò a dirmi: "Ha visto? Abbiamo pensato a ogni evenienza".

La forza di un incontro. Ci disponemmo in religioso silenzio attorno al tavolo riunioni. La presidente come al solito, fiutando sempre le tempistiche opportune al momento, invitò subito la cancelliera, nonché una delle avvocatesse, ad accompagnare Agnese in un'altra stanza, in fondo a un corridoio, dove aspettava la mamma.

Aggiunse poi di chiudere le porte (quella della sala riunioni e quella dove era diretta Agnese) e di lasciare sole le due donne. Vidi Agnese avviarsi tremante, sembrava un condannato a morte a pochi metri dalla ghigliottina. Noialtri, come in un film muto, ci sedemmo.

Il tempo si fermò come in un incantesimo; con un assordante silenzio che precede un'esplosione nucleare. A un tratto: un urlo lacerante come una diga che si rompe lasciando franare le lacrime, il dolore, la gioia incontenibile, la gratitudine.

Sentimmo piangere e poi parlare e poi piangere e poi gridare, come se un vulcano si fosse risvegliato da un'eternità. Il miracolo era avvenuto: prima di verbalizzare le operazioni, noi restammo a lungo immobili, senza guardarci né parlarci.

Domani sarebbe stato Natale.

RIEPILOGO DEL CAPITOLO 2:

- SEGRETO n. 1: l'importanza decisiva della pazienza.

- SEGRETO n. 2: segui sempre la tua sana follia anche controvento.

- SEGRETO n. 3: studia, progetta, prepara: poi accetta la sfida.

- SEGRETO n. 4: prenditi il tuo tempo per decidere: poi, vai avanti con determinazione, e non farti incantare dalle "sirene".

- SEGRETO n. 5: se vuoi raggiungere un traguardo importante, devi accettare lo stress, che è sempre direttamente proporzionale.

Capitolo 3:
Le successive espugnazioni

Posso tranquillamente affermare che il 23 dicembre 2014 è stato uno dei momenti più belli della mia vita.

Cambiare (in meglio) così radicalmente la vita di due persone (la mamma e la figlia) ed essere consapevoli che tutto questo fosse opera di pura creazione mia, è motivo di enorme soddisfazione professionale.

Fu anche un motivo di ulteriore svolta nella mia strada di avvocato: quel giorno è nata una mia nuova specializzazione professionale che si aggiunse alle altre ma che rispetto alle altre aveva e ha qualcosa in più.

Che si chiama emozione, che si chiama passione, che si chiama amore: comunque nasceva una nuova avventura professionale che mi stimolava non soltanto scientificamente.

Ecco, "scientificamente": quell'esperienza così tumultuosa mi insegnò a mettere ordine nel "kit" di servizi che, allora come oggi, offro alle persone che si rivolgono a me per cercare le proprie origini.

In primo luogo, ho maturato una consapevolezza nel tempo che non ho problemi a manifestare apertamente: la consapevolezza di essere l'unico avvocato che conosce ogni anfratto della materia e della procedura.

Quasi sempre l'unico professionista che, fra magistrati coinvolti, investigatori, assistenti sociali deputati all'interpello, si trova a dover spiegare, addirittura in pubblica udienza, ogni particolare di una materia nuovissima ed estremamente di nicchia.

Così, quando il cliente si rivolge alle mie cure, io seguo un percorso estremamente specialistico e particolareggiato.

In primo luogo mi faccio mandare una breve e concisa cronistoria, scritta liberamente e con parole del mio interlocutore, cronistoria in cui il cliente mi descrive le varie fasi della sua nascita e della sua primissima infanzia. Generalmente chiedo che tale cronistoria sia accompagnata dai documenti che il mio assistito già possiede.

Solo due documenti sono veramente importanti e decisivi: la cartella clinica del parto (in cui il nome della mamma risulta ovviamente per il momento oscurato) e l'estratto integrale di nascita.

Il possesso (e l'esibizione in giudizio) della cartella oscurata ha un'importanza enorme. Rappresenta infatti la prova documentale del parto e soprattutto che le generalità della partoriente esistono, sono cioè state anagrafate al momento del ricovero in ospedale (come dimostrano appunto le cancellature che oscurano i dati sensibili in cartella).

L'estratto integrale di nascita ci dice invece quattro cose fondamentali: 1) il nome fittizio che l'ufficiale di Stato civile conferiva al bambino la cui nascita gli fosse denunciata, spesso dalla stessa ostetrica. 2) Se il neonato è nato in una struttura sanitaria. 3) Se il neonato fu avviato al brefotrofio locale in attesa dell'adozione. 4) Infine, gli estremi del provvedimento di adozione stessa.

Raccolti questi dati, predispongo e inserisco in ricorso le istruzioni investigative che dovrà seguire il tribunale. Proprio così: il tribunale e gli organi investigativi di cui si serve, non conoscendo la materia, ignorano queste tecniche investigative, molto particolari e specialistiche, che io ho avuto modo di apprendere in primis dai carabinieri di Firenze (che si occuparono del caso di Agnese) e, in seguito, dalla polizia giudiziaria del tribunale per i minorenni di Roma.

Questo perché i due citati tribunali sono stati gli unici a costituire e a formare un corpo scelto di investigatori che si occupassero specificamente della materia.

Dunque io spiego al tribunale i vari passaggi investigativi che passo dopo passo dovrà seguire e sorveglio affinché le mie direttive vengano ottemperate. Quasi sempre mi devo adoperare in una sorta di pressing al fine di evitare che le operazioni si incaglino fra inerzie e apatie comunicative.

In definitiva, io seguo e spingo passo passo lo svolgersi della procedura che, altrimenti, molto spesso si arenerebbe.

E infine indico le linee guida dell'interpello affinché la fase più delicata e decisiva dell'intera procedura sia impostata ed eseguita seguendo un corretto percorso psicologico che eviti il rischio che il tutto si risolva in un secco sì o no, quasi fosse un quiz televisivo.

Molto spesso vengono da me persone che mi chiedono di far ribaltare in appello una decisione negativa del tribunale in procedure che non ho seguito dall'inizio: e sempre più frequenti sono i successi che ottengo in appello, davanti a corti senza dubbio maggiormente qualificate e specializzate.

Dopo la clamorosa vittoria che ottenni per Agnese, cominciò l'epoca delle "espugnazioni": i tribunali dei minorenni d'Italia diventarono per me fortini da assediare e da conquistare uno a uno. Affinché davvero la giustizia fosse uguale per tutti.

Caduta Firenze c'era uno stivale da affrontare, c'era un'Italia da uniformare a un criterio di giustizia degno di un Paese civile. La seconda roccaforte a cadere per mano mia fu, nel 2015, il Tribunale per i minorenni di Roma dove a quei tempi dettava legge una presidente famosa e implacabile nella sua ostilità all'applicazione immediata della sentenza della Corte costituzionale.

Ricordo che a rivolgersi ai miei uffici professionali fu una signora che viveva in Canada, a pochi chilometri da Toronto, ma che era nata a Roma.

Devo dire onestamente che una gran parte del merito nel costruire questa vittoria appartiene a una giovane e brillante giudice onoraria, la dottoressa Carocci, e ad un bravissimo ispettore della polizia giudiziaria, il dottor Casolaro, il quale, fra l'altro, ebbe anche il grande merito, come detto, di insegnarmi le vere tecniche investigative appropriate a questa materia così di nicchia.

Fatto sta che sia per la mia feroce determinazione, sia per l'abile lavoro di tessitura diplomatica della dottoressa Carocci, sia per lo splendido lavoro investigativo del dottor Casolaro, la presidente

Cavallo (così si chiamava l'allora presidente del Tribunale di Roma) capitolò e, la mia cliente di Toronto, ebbe modo di sapere chi fosse la sua mamma.

Da quell'esperienza, ebbi modo di imparare che la caratteristica più importante, quella che fa veramente la differenza fra le persone, è lo spessore.

E la presidente Cavallo di spessore ne aveva da vendere: per esempio, da quel giorno divenne la paladina degli adottati in cerca delle proprie origini dimostrando così che solo le persone intelligenti non hanno paura di cambiare idea e di rendere manifesto questo cambiamento.

Via via, sotto la mia pressione, fra il 2015 e il 2016, furono da me espugnate per la prima volta numerose altre roccaforti.

Per esempio, il Tribunale per i minorenni di Bari che, sotto la guida di un duro ma oculato presidente, rimane tuttora, probabilmente, il migliore Tribunale per i minorenni d'Italia.

Rammento che proprio a Bari ho consentito a una simpaticissima signora, non solo di conoscere i dati sensibili della mamma naturale (purtroppo già deceduta), ma anche di conoscere una nutrita schiera di fratelli e sorelle di sangue, da me individuati attraverso successive investigazioni che ho curato, partendo appunto dai dati della mamma.

E sì, perché dimenticavo, alla nuova competenza psicologica si è venuta ad aggiungere una terza nuova specializzazione, quella investigativa.

Fu poi la volta di Palermo e di Catania (dove tuttora esiste la migliore Corte di appello d'Italia, un collegio di sole donne che hanno, tutte, una luce speciale negli occhi).

Capitolò la Sardegna, Cagliari e, in particolare, Sassari, dal cui tribunale ottenni un decreto di accoglimento che considero un capolavoro di diritto e di umanità, dove fra l'altro trovai un giudice eccellente che, soprattutto, non aveva timore di dialogare e di confrontarsi con l'avvocato.

Ecco vorrei per un momento approfondire Sassari. In questo caso risultò decisiva la mia capacità di dialogo con il magistrato che fu così umile e intelligente da intuire che, sicuramente, ne sapevo più io di lui, da capire che in fondo si trattava di volontaria giurisdizione (dunque non c'è un contraddittore che possa ritenersi scavalcato) e infine da lasciarsi addirittura consigliare nella scelta della decisione finale, anch'essa la prima nel suo genere.

Fu partorito un intelligentissimo e rivoluzionario decreto che sancì il diritto affinché la figlia ricevesse i dati sensibili della mamma in stato di coma neurovegetativo. Dunque non essendo la madre interpellabile e dovendo comunque fare in modo che il segreto fosse sempre reversibile, i dati dovevano essere concessi eccome.

Discorso a parte merita la capitolazione di Napoli, datata 2016, perché grande merito va riconosciuto al Comitato per la ricerca delle proprie origini e in particolare a tre donne.

Anna Arecchia ed Emilia Rosati, che pure, come abbiamo visto, avevano, nell'ambito delle mie battaglie giudiziarie, avuto il grande merito di "innescare" Firenze; e Marta Mancusi, che con la sua abilità diplomatica, mi convinse definitivamente ad accettare una grande sfida.

Dunque i fatti stavano così: tra i fortini che non si lasciavano espugnare c'era nientedimeno che il Tribunale per i minorenni di Napoli, ovverosia non solo la città del sottoscritto ma, soprattutto, la città dove aveva sede il Comitato, che conduceva (e conduce) la sua splendida battaglia politica per affermare il diritto a conoscere le proprie origini, con grande impegno e spessore.

La presidente e la vicepresidente un giorno vengono da me e mi propongono una specie di class action: iscrivere a ruolo contemporaneamente 19 ricorsi innanzi al Tribunale per i minorenni di Napoli, in modo da aggiungere alla vicenda giudiziaria una forza politica e sociale tali da non poter lasciare indifferente l'allora presidente (*ad interim*) del Tribunale.

Ma soprattutto Anna Arecchia ed Emilia Rosati mi passarono un'informazione che si sarebbe rivelata decisiva: e cioè che più di un giudice della Corte di appello di Napoli (Sezione minori, il secondo grado processuale rispetto al Tribunale dei minori, per intenderci), aveva, per così dire, in occasione di pubblici convegni, mostrato più volte "simpatia" per la materia dell'accesso alle origini.

Seguirono varie cortesi telefonate di Marta Mancusi, altra punta di diamante del Comitato, la quale completò molto abilmente la tessitura della tela.

Devo aprire una parentesi: non è che io volessi fare il "prezioso" ma avevo preso atto dell'esistenza di tribunali che, nemmeno a colpi di bazooka, avrebbero ceduto. Tre erano i più "chiusi": Milano, L'Aquila e Napoli.

Tornando a noi, le tre abili dottoresse mi convinsero ad accettare l'ennesima "mission impossible". Ricordo che la prima mossa che feci fu di prendere un appuntamento con l'allora presidente *pro tempore* (un magistrato che provvisoriamente assume la carica nel periodo di interregno fra il precedente presidente – andato in pensione – e il nuovo – che era ancora in attesa di nomina dal ministero).

Ricordo perfettamente quell'incontro perché il mio interlocutore fu di un'onestà intellettuale impeccabile. Mi propose testualmente: "Lei, avvocato, depositi pure i suoi 19 ricorsi ma noi, per il momento, provvederemo su un solo ricorso. Ovviamente rigettandolo. Gli altri 18 resteranno in 'parcheggio'".

"Lei" – continuò nel suo ragionamento ad alta voce – "sporgerà sicuramente reclamo innanzi la Corte di appello e, le do la mia parola, qualora la Corte di appello di Napoli le desse ragione, noi, naturalmente, ci adegueremo alla giurisprudenza della Giurisdizione superiore, riesumeremo gli altri 18 procedimenti parcheggiati e li accoglieremo tutti".

Il 12 dicembre del 2016 la Corte di appello di Napoli accolse il mio reclamo e decise di "adottare le disposizioni necessarie per accertare l'esistenza in vita della madre biologica dell'istante e, in caso positivo, per interpellarla in merito alla sua volontà di mantenere ferma la dichiarazione di anonimato, resa alla nascita della odierna reclamante, ovvero di revocarla".

Ricordo che telefonai alle tre dame con grande felicità e con altrettanta gratitudine ed esclamai con enfasi: "da oggi anche Napoli è nostra!".

Il giorno seguente portai al presidente del Tribunale per i minorenni di Napoli la copia del decreto appena emesso dalla Corte di appello: il presidente, senza una piega, fu uomo di parola e riavviò le 18 procedure rimaste "parcheggiate", accogliendo, a uno a uno tutti i miei ricorsi.

Napoli poteva finalmente essere considerato un tribunale serio perché dava risposta a un diritto fondamentale dell'individuo, il diritto alle proprie origini.

Fondamentale perché – come per esempio il diritto alla salute – è un diritto "secondo natura" e non "secondo cultura" come il diritto alla privacy: il quale ultimo è semplicemente un diritto scaturito dal cervello della persona e, quindi, non potrà mai prevalere sui diritti naturali, i quali sgorgano direttamente dall'anima dell'essere umano.

Con la Corte di appello di Napoli, eravamo giunti, come detto, al dicembre 2016 (2 anni dopo la splendida vicenda di Agnese) si chiudeva un'epoca che definirei "pionieristica", sia riguardo la mia nuova passione professionale sia riguardo (anche perché strettamente correlata) la materia dell'accesso alle origini.

Voglio intendere che da tutto questo magma, da queste lotte, da queste conquiste impregnate di civiltà, di umanità e di cultura giuridica, stava finalmente per nascere una normativa, "la normativa" che, valida per tutti i tribunali per i minorenni d'Italia, tuttora disciplina l'intera materia dell'accesso alle origini: la sentenza della Cassazione a Sezioni unite numero 1946 del 25 gennaio 2017.

Solo a seguito di questa decisiva svolta giurisprudenziale sono riuscito a espugnare il Tribunale dell'Aquila (e, addirittura, più recentemente la Corte di appello dell'Aquila).

In questa occasione il mio sostegno psicologico da me garantito all'amica-cliente è stato quello di convincerla ad agire: era come paralizzata dalla triste fama di cui godeva questa giurisdizione per cui dovetti "forzare la mano" garantendo che stavolta ce l'avremmo fatta. E posso oggi dire con soddisfazione: davvero ce l'abbiamo fatta.

RIEPILOGO DEL CAPITOLO 3:

- SEGRETO n. 1: solo le persone intelligenti cambiano idea.

- SEGRETO n. 2: anche nel lavoro devi infondere soprattutto amore.

- SEGRETO n. 3: la differenza fra le persone la fa il loro "spessore".

- SEGRETO n. 4: l'informazione è uno strumento potente, spesso decisivo.

- SEGRETO n. 5: fondamentale, nella vita come nel lavoro, è rispettare la parola data.

Capitolo 4:

Le Sezioni unite

Va fatta una premessa tecnica: quando (come in questa fattispecie) il legislatore parlamentare non interviene a legiferare e, in conseguenza di ciò, si verifica una chiara difformità interpretativa fra i vari tribunali d'Italia, allora può intervenire il procuratore generale della Cassazione a chiedere l'enunciazione, nell'interesse della legge, del principio di diritto che, per l'appunto, uniformi l'interpretazione giurisprudenziale.

Considerata la particolare rilevanza della questione di cui ci stiamo occupando nel presente scritto, il primo presidente ha disposto, di conseguenza, che sulla richiesta del procuratore generale, la Corte dovesse pronunciarsi a Sezioni unite.

Orbene (facciata 14 punto 8) il Collegio "ritiene di dovere innanzitutto sottolineare che la sentenza n. 278 del 2013 della Corte costituzionale è una pronuncia di accoglimento: ed è una sentenza di illegittimità costituzionale".

"Pertanto, conseguentemente la norma dichiarata costituzionalmente illegittima cessa di esistere e non può più avere efficacia dal giorno successivo alla pubblicazione della decisione" (cfr. facciata 15).

Significa, per dirla con chiarezza, che quei tribunali che non rispettavano la sentenza della Corte costituzionale commettevano un "marchiano" errore giuridico, finendo infatti, in buona sostanza, per applicare una normativa che non esisteva più.

"Il giudice non può più negare *tout court* al figlio l'accesso alle informazioni sulle origini per il solo fatto che la madre naturale aveva dichiarato, al momento del parto, di voler essere celata dietro l'anonimato" (sempre facciata 15).

"L'affermazione di principio contenuta nel dispositivo di incostituzionalità è diritto vigente" (facciate 17 e 18).

A questo punto la sentenza delle Sezioni unite (a partire dalla facciata 23) disciplina con molta pignoleria innanzitutto la fase di identificazione e di ricerca della madre naturale (la cosiddetta fase investigativa) nonché le regole che devono essere rigidamente rispettate nella fase dell'interpello.

E qui veniamo a un altro mio compito essenziale in favore del cliente: far rispettare le regole statuite dalle Sezioni unite, regole che, purtroppo, e nemmeno tanto raramente, semplicemente non vengono rispettate.

Cominciamo con le regole che, ripeto, obbligatoriamente devono essere rispettate dai tribunali nella fase dell'interpello.

Prima regola: la madre dovrà essere convocata dal tribunale senza che in alcun modo possa venire a conoscenza preventivamente dei motivi della convocazione. Il motivo posto alla base di questa regola è facilmente intuibile.

La madre naturale deve infatti potersi presentare alla convocazione per l'interpello senza pregiudizi e preconcetti che possano condizionare la sua scelta. Faccio un esempio: il

Tribunale dei minorenni di Milano usa (ripetiamo, illegittimamente) modalità di convocazione della madre naturale tali da permettere alla stessa di intuire agevolmente il motivo della sua convocazione.

Si dà il caso che la mia cliente (cioè la ricorrente), nell'esempio che sto citando, è stata concepita a seguito di una violenza sessuale subita dalla mamma naturale. La quale, dunque, si è presentata al colloquio già caricata a mille per dire un netto no alla revoca dell'anonimato (e i motivi sono a questo punto facilmente intuibili).

Seconda regola da far rispettare per l'interpello: il colloquio (dunque un dialogo diretto fra due persone fisicamente presenti, una al cospetto dell'altra) deve avvenire fra la madre naturale e il giudice onorario delegato dal giudice togato.

Dunque sbagliano (e clamorosamente) quei tribunali che interpretano l'assenza della mamma come un chiaro no alla revoca dell'anonimato.

Dunque sbagliano (e forse ancora più clamorosamente) quei tribunali i quali accettano un no alla revoca dell'anonimato espressa a mezzo telefax dalla mamma naturale. Sembra fantascienza ma sono fatti, fatti realmente successi.

E io devo garantire al mio cliente che non permetterò che subisca ingiustizie di tal fatta, arrivando, se del caso, a far correggere simili errori di diritto dalle competenti Giurisdizioni superiori (Corte di appello e, a seguire, Corte di cassazione).

Va a questo punto aperta un'importante parentesi: la sentenza delle Sezioni unite era stata preceduta da due sentenze della prima sezione civile della Corte di cassazione, il cui principio è stato introitato dalla normativa dettata dalle Sezioni unite.

"Occupandosi del caso morte della genitrice biologica, questa Corte (cfr. Sezioni unite facciate 22 e ss.) ha infatti affermato, con la sentenza n. 15024/2016, che sussiste il diritto del figlio, dopo la morte della madre, di conoscere le proprie origini biologiche"; infatti la negazione di tale diritto sarebbe in evidente contrasto con la necessaria reversibilità del segreto.

La successiva sentenza numero 22838/2016 ribadisce in perfetta conformità il principio. Ebbene esistono tuttora tribunali per i minorenni che si permettono di non rispettare questa specifica e cogente normativa, arrivando a non concedere al figlio richiedente i dati sensibili della madre già deceduta, adducendo motivazioni assolutamente non previste dalla normativa vigente.

E anche in questo caso il mio cliente può e deve essere certo che non lascerò passare simili ingiustizie processuali perché il sottoscritto non si stanca mai, dunque non si distrae un secondo, dunque non molla mai.

Senza paura di metterci la faccia e denunciando anche alla giustizia penale simili abusi, senza il minimo timore reverenziale. Perché il senso di giustizia a cui aspira il mio assistito lo sento come un fatto mio, assolutamente personale.

Nel concludere, le Sezioni unite ribadiscono che il diritto del figlio trova l'unico limite insuperabile allorché la dichiarazione iniziale per l'anonimato non sia rimossa in seguito all'interpello e persista il diniego della madre di svelare la propria identità.

Anche in questo caso devo tenere entrambi gli occhi vigili e bene aperti: perché se esaminiamo il principio appena sopra riportato e lo affianchiamo al principio che il segreto deve sempre essere reversibile, dobbiamo concludere che il vero, unico significato della normativa introdotta dalle Sezioni unite è il seguente.

L'unico caso in cui al figlio è precluso il diritto a conoscere il nome della madre si verifica quando la madre, perfettamente sana e consapevole, esprima direttamente e chiaramente un "no" alla revoca dell'anonimato.

In "tutti" gli altri casi (ossia, ricordiamo, madre viva che revochi espressamente e consapevolmente l'anonimato, madre viva ma incapace di intendere e di volere, e infine madre deceduta) i dati sensibili vanno necessariamente concessi. E io non smetterò un istante di lottare perché il diritto venga rispettato dai giudici.

RIEPILOGO DEL CAPITOLO 4:

- SEGRETO n. 1: quando le Sezioni unite della Cassazione esprimono un principio di diritto, tale principio ha valenza di norma.

- SEGRETO n. 2: non è più possibile nel nostro ordinamento giuridico applicare una norma dichiarata incostituzionale.

- SEGRETO n. 3: il principio cardine delle Sezioni unite è la reversibilità del segreto.

- SEGRETO n. 4: i giudici di merito devono attenersi alle regole dettate dalle Sezioni unite.

- SEGRETO n. 5: se non ottemperano, sono passibili di sanzioni disciplinari.

Capitolo 5:
La mappa investigativa

Ho accennato più volte in questa sede all'importanza di corrette e specifiche tecniche investigative in una materia così specialistica. Tale esigenza mi ha spinto a redigere una vera e propria mappa investigativa che accludo, come parte integrante, al ricorso che preparo per il cliente.

Mi sembra corretto e utile inserirla, nella sua versione originaria, qui a seguire, in questo capitolo quinto:

Due premesse:
1) Qualsiasi indagine deve partire dal luogo di nascita e non dal luogo di residenza.2) Qualsiasi investigazione presuppone, se del caso, anche atti di indagine basati sulla presenza fisica degli investigatori delegati dal tribunale (ad esempio sopralluoghi e ispezioni di archivi sanitari e burocratici) nonché atti cogenti autorizzati preventivamente dalla magistratura (ad esempio

mandati di perquisizione).

Occorre in primo luogo individuare l'archivio cartelle cliniche dell'ospedale o della clinica privata dove è avvenuto il parto. Ivi, oltre la cartella del parto, dove è anagrafata la partoriente, si trovano anche i registri della sala parto, i registri in entrata (i registri cioè di ricovero) e i registri in uscita (quelli cioè di dimissione della partoriente) dove naturalmente sono annotate le generalità della madre naturale.

Inoltre c'è la cartella clinica dell'infante e, infine, il certificato di assistenza al parto redatto dall'ostetrica. In tutto sei distinti documenti dove rinvenire i dati della madre naturale.

Resta inteso che qualora la struttura sanitaria fosse una persona giuridica non più esistente, occorre effettuare un necessario accertamento presso la competente Camera di commercio.

Ove mai sorgessero problemi nel suindicato ambito, l'investigatore dovrà formalmente coinvolgere la Soprintendenza archivistica e bibliografica della regione di competenza (si tratta di una istituzione ubicata in ogni capoluogo di regione) che ha per l'appunto la competenza riguardo la custodia e la corretta conservazione delle cartelle cliniche di tutti gli ospedali e cliniche private della regione di competenza.

Ove si rendesse necessario, occorre che l'investigatore compulsi la locale Questura e Prefettura e il motivo è presto detto. L'articolo 109 (ex 107) del Testo unico di Pubblica sicurezza – cosiddetto Tulps – prescriveva l'obbligo di comunicazione dei dati del ricoverato presso strutture ospedaliere pubbliche e – soprattutto – private, esattamente come si fa per gli ospiti di un albergo.

In via successiva, in caso di un accertamento fin qui negativo o incerto, occorre farsi consegnare dal brefotrofio (istituzione dove venivano "inviati" i minori appunto non riconosciuti alla nascita) l'intero fascicolo afferente il bambino ivi ospitato.

Nel fascicolo è infatti contenuta la scheda clinica con i dati sensibili della madre naturale (posti a sinistra) e con i dati sensibili del bambino (posti sulla destra della facciata).

Ovviamente, fino a questo punto il bambino è identificato col nome proprio e col cognome fittizio conferitogli dall'ufficiale di Stato civile e rinvenibile dall'estratto integrale di nascita allegato al fascicolo del Tribunale dei minori innanzi cui si sta procedendo.

E ancora nello stesso fascicolo del brefotrofio si rinviene la "busta", nella quale le madri naturali lasciavano i propri dati sensibili per iscritto, e spesso il documento, regolarmente sottoscritto dalla madre naturale, di consenso alla preadozione del proprio bambino.

Negli archivi del medesimo brefotrofio occorre che l'investigatore chieda che gli si rendano consultabili i cosiddetti "Registri madre" in entrata e in uscita, ove venivano annotate le generalità della madre naturale quando appunto entrava in brefotrofio (accompagnando il figlio) e quando ne usciva, lasciando ivi il proprio figlio.

Ancora, è facile rinvenire i registri spesa dove veniva annotata un'elencazione nominativa di diarie di cui beneficiavano le balie (a cui eventualmente venisse delegato l'allattamento del bambino), le quali balie percepivano una parte dei loro proventi dalle madri naturali o dalle famiglie di queste ultime, con tanto di annotazione di dati anagrafici di chi pagava.

Senza escludere che proprio la madre naturale provvedeva all'allattamento almeno nei primi giorni del brefotrofio. Infine nel brefotrofio si trova di frequente il registro delle partorienti che, poco prima del parto, si sottoponevano a un esame chiamato "wassermann" – una sorta di amniocentesi dell'epoca – a cui avevano accesso non a caso soprattutto le gestanti in procinto di dare in adozione il proprio bambino.

Insomma, è altamente consigliabile consultare l'intero fascicolo del brefotrofio afferente il bambino oggetto dell'indagine nonché consultare tutti i registri innanzi indicati. Molti casi in cui l'identificazione della madre naturale appariva impossibile o incerta hanno visto la soluzione positiva in questi semplici approfondimenti investigativi.

Qualora si rendesse ulteriormente consigliabile, occorre rivolgersi all'Archivio di Stato civile, ove viene custodito per ogni cittadino il proprio fascicolo di nascita con "gli allegati al registro", che consistono per l'appunto nei registri nascite e nel certificato di assistenza al parto, documento compilato dall'ostetrica e del quale si trova espressa menzione nell'estratto integrale di nascita.

Nel caso si dovesse proseguire nelle indagini, occorre interpellare l'Archivio di Stato (da non confondersi con l'Archivio di Stato civile di cui innanzi) che di frequente conserva la documentazione delle nascite in specie avvenute negli anni '40, '50 e '60.

Un'altra copia del certificato di assistenza al parto veniva dall'ostetrica consegnata a quella che era l'Asl di competenza dell'epoca, denominata "mutua".

Occorre, se del caso, acquisire dall'archivio della Corte di appello competente (anche questa risulta dall'estratto integrale) tanto il fascicolo della tutela, quanto il fascicolo di adozione.

In quest'ultimo, in particolare, dovrebbe necessariamente rinvenirsi o il consenso firmato all'affidamento preadottivo o in alternativa la documentazione afferente la procedura di abbandono del minore. Se infatti mancassero entrambi, ci troveremmo, fra l'altro, innanzi a una procedura adottiva illegittima.

Occorre infine acquisire, presso la diocesi competente, i registri parrocchiali integrali di battesimo.

Tale tipo di indagine si rivela spesso di estrema importanza: è probabile infatti che i bambini partoriti in anonimato venissero battezzati una prima volta appena dopo la nascita e comunque a brevissimo, spesso addirittura prima di essere denunciati all'anagrafe e di ricevere il cosiddetto cognome fittizio.

Ciò soprattutto per credenze religiose, laddove si riteneva che il neonato morto senza battesimo fosse destinato al cosiddetto limbo.

Successivamente, una volta adottati, venivano sottoposti dai genitori adottivi a un secondo battesimo, perché comparisse appunto il nome da adottato.

Per cui, in alcuni casi il primo battesimo registrava il bambino col solo cognome disponibile al momento (quello della madre naturale): ecco perché occorre assolutamente acquisire dalla diocesi (o dalla parrocchia se ancora esistente), non il semplice certificato di battesimo, bensì copia integrale dei registri parrocchiali di battesimo.

Ecco l'elenco serio e scientificamente corretto da seguire, in ordine gerarchico, per un'indagine da cui dipende l'accertamento, è bene ribadirlo, della vita di una persona.

Occorre, lo ripeto, rispettare in senso gerarchico tali 11 punti badando di non passare al successivo senza prima aver esaurito quello precedente.

Purtroppo, alcune volte i tribunali (che pur sempre restano responsabili dell'obbligo di vigilare sulla qualità di dette investigazioni) omettono passaggi cruciali.

Ebbene, per concludere sul punto, il nostro lettore sappia che in sede di appello, e direi sempre, riesco a dimostrare tali deficienze, ottenendo l'accoglimento dell'appello stesso e la riapertura delle indagini tralasciate.

RIEPILOGO DEL CAPITOLO 5:

- SEGRETO n. 1: l'investigazione è un lavoro di pazienza.

- SEGRETO n. 2: l'investigazione è una scienza sacra perché conduce alla verità.

- SEGRETO n. 3: non bisogna mai cedere alla stanchezza.

- SEGRETO n. 4: non bisogna mai avvilirsi di fronte alle difficoltà.

- SEGRETO n. 5: la fortuna aiuta le persone che uniscono audacia e determinazione.

Conclusioni

La guerra non è finita. Mentre il Comitato continua a portare avanti la sua battaglia perché il Parlamento legiferi in materia, il sottoscritto lavora nella trincea di tribunali che, incredibilmente, in alcuni casi, dimostrano di non voler rispettare nemmeno una norma fatta da loro stessi, dai colleghi di Cassazione.

È un fenomeno per me inspiegabile: ma posso promettere alle persone che dovessero chiedere il mio intervento professionale che non mollerò di un centimetro per me, per loro e perché sia fatta giustizia.

Vorrei a questo punto riepilogare i delicatissimi argomenti in questa sede trattati. In primo luogo, va sottolineato che il diritto di accedere alle proprie origini ha assunto ormai piena dignità costituzionale e normativa.

In secondo luogo, occorre prendere atto che tale diritto è in taluni casi vilipeso e comunque ostacolato da errori giuridici della magistratura (pur a fronte di una normativa giurisprudenziale – è vero – ma pur sempre chiara e completa).

Napoleone Bonaparte sosteneva che qualsiasi importante riforma legislativa è realizzata (oppure "affossata") dalla burocrazia che deve concretamente metterla in atto: se la burocrazia non vuole, ci potranno essere le più belle leggi a disciplinare la materia ma, quella che io definisco senza remore evidente resistenza passiva, sarà ampiamente capace di paralizzare tutto.

In Italia la burocrazia è *tout court* contraria al cambiamento: e così bisogna prendere atto che soprattutto i presidenti dei Tribunali per i minorenni hanno fatto tutto il contrario di quello che sarebbe servito a concretizzare la riforma.

Tanto per cominciare si sono persi 4 anni (dal 2013 al 2017) in cui l'attuazione di una riforma costituzionale è stata affidata esclusivamente alle iniziative del sottoscritto.

Poi dopo le Sezioni unite (gennaio 2017) alcuni tribunali

(segnatamente Milano) hanno sprecato altri due anni per non fare niente.

Qualunque diplomato di terza media avrebbe capito che occorreva formare e delegare almeno due giudici onorari che si dedicassero a una materia così importante.

Tutti i tribunali hanno impiegato almeno dodici mesi per capire questa banalità (e in molti casi ancora brancolano nel buio). Qualunque dirigente di buon senso avrebbe capito che la fase investigativa doveva essere affidata a due elementi della polizia giudiziaria che lavorassero nel tribunale per i minorenni e che si formassero e collaborassero, fisicamente vicini, con i giudici istruttori.

Quasi tutti i tribunali hanno invece delegato le indagini ai carabinieri, i quali, contemporaneamente, erano preposti a fronteggiare i più efferati crimini.

Una buona e sana organizzazione avrebbe consigliato di delegare l'interpello al giudice onorario (spesso uno psicologo o un assistente sociale) medesimo che aveva istruito la pratica. Invece si è esternalizzato il servizio alle Asl come fossero pratiche di invalidità.

È veramente difficile non immaginare che dietro questi comportamenti della magistratura non ci sia un disegno chirurgico di sabotaggio. Addirittura Milano (la capitale d'Europa) deve subire l'onta di un tribunale per i minorenni medioevale.

A Genova e Firenze hanno invece pensato bene di inaugurare una nuova stagione: quella di violare la normativa introdotta dalle Sezioni unite.

Al di sotto della magistratura esiste poi una sottoburocrazia (intendo soprattutto le direzioni sanitarie degli ospedali e i responsabili degli archivi) che fanno veramente di tutto per disincentivare i cittadini dal chiedere giustizia.

Ma la cosa più grave è il cinismo. Mi spiego: le procedure di accesso alle origini si basano sulla ricerca di persone che – se pure ancora grazie a Dio vive e vegete, almeno nei nostri migliori auspici – sono per lo più anziane e, dunque, facendo i dovuti scongiuri, la velocità e la qualità della procedura dovrebbero considerarsi indispensabili, perché trattasi a tutti gli effetti di una corsa contro il tempo.

Occorre prendere atto che la fase dell'interpello, quella ovviamente più delicata, dovrebbe essere gestita con un minimo di sensibilità. Voglio meglio chiarire il concetto appena espresso con un "case history".

In una delle tante procedure che ho portato a termine vittoriosamente, è capitato che la madre interpellata fosse dubbiosa e il motivo era presto detto: la donna, negli anni, si era costruita una famiglia, con tanto di marito e figli nati da codesto matrimonio.

A nessuno dei componenti della propria famiglia la donna aveva svelato il proprio "antico" segreto e adesso non sapeva come uscirne.

Per inciso, in buona parte degli interpelli negativi, il motivo della mancata revoca dell'anonimato è il suddetto. E nessun operatore sociale fa nulla al riguardo: si limitano a prendere atto del rifiuto e quindi a far rigettare il ricorso proposto.

Nel caso a cui mi stavo riferendo, invece, ho avuto la fortuna di imbattermi in un assistente sociale reattivo e creativo. L'operatore, infatti, di fronte alle negatività della donna interpellata non ha fatto una piega ma è stato immediatamente e positivamente propositivo.

In primo luogo, ha spiegato che la figlia (la mia cliente) aveva presentato il ricorso non per entrare a far parte invasivamente della vita della mamma naturale ma per chiudere il cerchio della propria origine.

Le due esigenze dunque ben si potevano conciliare: mamma e figlia avrebbero potuto ben incontrarsi in un luogo neutro e segreto, magari la prima volta con la mediazione dell'assistente sociale stesso. Il patto di segretezza sarebbe stato sugellato da un accordo di riservatezza sottoscritto dalle parti.

A questo punto subentra l'importanza del mio ruolo psicologico. Mi spiego meglio: la soluzione prospettata, in un primo momento, non è stata affatto gradita dalla mia cliente la quale si è sentita offesa.

A quel punto mi sono permesso, senza mai forzare nessuna volontà, di farle notare due valori aggiunti che sarebbe stato un vero peccato sprecare. Innanzitutto, l'idea vincente e anche originale dell'assistente sociale andava premiata; poi mamma e figlia, paradossalmente suggellando quel patto di reciproca fiducia, è un po' come se avessero ricominciato da zero, da quel fatidico momento in cui il cordone ombelicale era stato tagliato.

L'occasione mi spinge altresì a fare un altro riepilogo, quello dell'importanza del mio ruolo in questa procedura tanto delicata. Il lettore a questo punto sa che, affidandosi a me, si affida in fondo a colui che ha creato processualmente questa materia e che, nel crearla, ci ha messo innanzitutto passione.

In secondo luogo, leggendo la storia di Agnese, vi si ritrovano tutti gli elementi strategici necessari perché io possa continuare a vincere queste battaglie.

E cioè la caparbietà, la capacità di non avvilirsi mai, la particolarità di unire in una sola figura professionale tre specializzazioni coesistenti: voglio dire che, affidandosi a me, non ci si affida solo all'avvocato inteso nel senso più tecnico del ruolo ma anche allo psicologo, a un professionista cioè che, calandosi perfettamente nella parte, accompagna e gestisce questo enorme flusso di emotività, facendosene almeno in parte carico.

Non va infine trascurata la mia competenza investigativa, in un settore particolare e di nicchia, nel quale gli investigatori cosiddetti professionali purtroppo brancolano nel buio.

Queste mie competenze sono al servizio del cliente fin dal primo approccio, passando poi per le fasi introduttive del procedimento, del pressing verso tutti gli interlocutori, del non mollare mai perché a me nessuno stanca.

Voglio, a questo punto, citare ancora alcuni esempi chiarificatori. Ricordo un caso capitatomi a Palermo: la mia cliente rimase molto addolorata dalla circostanza di aver trovato la madre deceduta.

Fu a quel punto che le confidai una speranza: le raccontai che tutti i miei clienti, che avevano vissuto esperienze similari, mi avevano telefonato pochi giorni dopo entusiasti di aver trovato, grazie ai miei suggerimenti investigativi, una vera e propria schiera di affettuosissimi parenti di sangue.

Otto giorni dopo ricevetti una foto sul cellulare: la mia assistita letteralmente circondata dal sorriso e dal calore umano di sei (dico sei) tra fratelli e sorelle di sangue.

Identico fatto mi capitò a Catania. A Salerno, invece, ultimamente, mi sono imbattuto in un caso decisamente un po' atipico. Madre ritrovata viva ma nella condizione di precarietà sociale di colei "che vive senza fissa dimora". Una clochard (o quasi).

Anche in questo caso io e la cliente abbiamo formato una vera e propria squadra deputata stavolta a dare il necessario sostegno materiale e psicologico alla mamma, affinché piano piano nascesse un rapporto fra le due e, soprattutto, fossero creati i presupposti perché la mamma si lasciasse aiutare dalla figlia.

A Torino ho voluto invece sperimentare una nuova fattispecie, al momento ancora in corso di giudizio: quella di chiedere al tribunale per i minorenni la ripetizione di un interpello, già fatto e con esito negativo, sulla scorta di fatti nuovi e sopraggiunti *dopo* il primo interpello.

Il fatto è questo; la mia cliente, in una fase temporale successiva a quella dell'interpello negativo, aveva contratto un carcinoma mammario.

Grazie a cure efficaci era fortunatamente guarita: ma purtroppo, è fatto notorio, queste persone restano altamente esposte al rischio recidivante, che può fra l'altro colpire anche altri organi vitali.

Mi ricordai a quel punto che la figlia di un mio cliente di Lecce era passata per un'analoga esperienza: e che l'Asl di Lecce la stava sottoponendo a una terapia immunologica, utile a prevenire e a scongiurare il rischio della recidivante.

Tale terapia immunologica si basava sull'infusione di cellule staminali prelevate dalla diretta antenata della figlia (appunto la mamma) nell'organismo stesso della figlia.

Mi feci dare la documentazione a sostegno di questa nuova terapia e convinsi la cliente di Torino che era cosa buona e giusta rivolgersi nuovamente al tribunale per i minorenni, chiedere un nuovo interpello della mamma, con la specifica richiesta che gli operatori sociali informassero la mamma stessa delle motivazioni poste alla base del nuovo interpello.

In definitiva, io sostengo fermamente, in casi come questo, che la mamma interpellanda abbia il diritto/dovere di essere informata di una sopravvenuta circostanza così delicata e importante e del nuovo peso che assume in questo caso la sua risposta.

Non è un ricatto morale – si badi bene – ma un'assunzione di responsabilità che la madre naturale ha l'obbligo di assumersi.

Concludo questa rassegna di "cases histories" con la fattispecie di un mio diretto intervento investigativo, rivelatosi risolutore.

Era accaduto che il Tribunale per i minorenni di Venezia avesse rigettato il ricorso presentato dalla mia cliente per "non aver trovato gli investigatori documentazione sanitaria utile a permettere l'identificazione della mamma naturale".

La cosa mi risultò decisamente strana: dalle carte emergeva che la mia cliente fossa stata partorita presso gli Spedali Civili di Brescia, struttura sanitaria notoria in Italia per la sua efficienza e precisione.

Mi rivolsi perciò alla Direzione sanitaria chiedendo se fossero in grado di rilasciarmi un'attestazione che, invece, confermasse il possesso da parte loro dei dati sensibili della mia cliente. Ebbi l'attestazione positiva nel giro di pochi giorni.

A quel punto mi limitai a depositarla presso il Tribunale per i minorenni di Venezia spiegandogli (e documentandogli) che avevo risolto io l'arcano e che spettava a loro riaprire subito la procedura, farsi dare dagli Spedali i dati sensibili della mamma della mia cliente e fornirglieli.

Tempo due mesi e ottenemmo il fatidico decreto col nome della mamma.

E così, caro lettore che hai avuto la pazienza di leggermi (e di questo ti ringrazio con tutto il mio cuore) ritienimi innanzitutto vicino, sappi che con me non ti sentirai mai solo e che in qualsiasi momento tu possa sentire la necessità puoi chiedermi anche solo un consiglio, una sensazione, un conforto.

Poi, se tu decidessi di affidarmi il mandato processuale, ti prometto che mi calerò per te nel fango della trincea, senza paura di sporcarmi, di ferirmi, di rischiare insomma, per affermare i tuoi diritti.

Di fronte all'ingiustizia non sto esitando a rivolgermi anche alla giustizia penale affinché ponga un limite all'impunità di chi gioca sulla pelle della gente e faccia investigazioni degne di questo nome.

Resto a tua totale disposizione e ti abbraccio

Roberto

***

Se questo libro ti è piaciuto e hai piacere a entrare in contatto con me, ti lascio qui di seguito i miei recapiti:

Avv. Roberto Continisio

Patrocinante in Cassazione

Cell: 348.5722589

Email: avvocato.continisio@libero.it

Profilo Facebook: Roberto Continisio

Fan Page Studio Legale Continisio: Studio Legale Continisio